Couverture inférieure manquante

LUCIEN DUC

Une échappée

EN PROVENCE

—

Relation de Voyage

PARIS
LIBRAIRIE DE LA PROVINCE
35, rue Rousselet, 35
1898

UNE ÉCHAPPÉE EN PROVENCE

LUCIEN DUC

Une échappée EN PROVENCE

—

Relation de Voyage

PARIS
LIBRAIRIE DE LA PROVINCE
35, rue Rousselet, 35

1897

Une échappée
EN PROVENCE

I

LE DÉPART

Quand on s'est, une fois, enivré des rayons du soleil méridional, on voudrait pouvoir se retremper chaque année sous ce ciel d'azur, au sein de cette nature poétique et riante, assainie par le mistral, embaumée par les senteurs pénétrantes du thym, de la lavande, du romarin et de mille autres fleurs sauvages ou cultivées.

Aussi, la mémoire encore pleine des charmants souvenirs de mon voyage de 1894, étais-je tout joyeux, l'an passé, de songer que j'allais revoir les pays du soleil, à la suite des Félibres parisiens.

Mais, les fêtes renvoyées, j'éprouvai une amère déception : en 1897, mon fils serait au régiment et je n'espérais pas pouvoir quitter Paris en son absence.

C'est avec une indicible mélancolie que j'entendais discuter, au café Voltaire, le programme des fêtes qui viennent d'avoir lieu. J'éprouvais un véritable supplice de Tantale. Puis l'horizon s'éclaircit soudain : la date du départ étant avancée, j'entrevis la possibilité de faire une fugue en Provence. Alors une véritable fièvre s'empara de moi et, durant six semaines, je travaillai avec un acharnement qui devait être couronné de succès.

Le 30 juillet, à 7 heures, je terminais les travaux d'impression urgents relatifs aux fêtes félibréennes et, confiant à ma fille la direction de l'imprimerie, je prenais à 9 h. 45 l'express pour Lyon, en compagnie de mon frère Gabriel, de sa femme et de leur gentille Lucienne, en mettant dans ce seul mot : *Enfin !* toute ma satisfaction d'avoir mené à bien ce que j'avais entrepris et toute la joie qui débordait de mon âme à la pensée d'aller revoir le pays natal, les parents et les amis qui m'attendaient !

II

DEUX JOURS A LYON

Je ne ferai que noter notre passage à Lyon, le samedi 31 juillet.

Hélas ! les vieux amis de *la Province* qui se nommaient Victor Coudrier, Maurice Vaschalde et Pierre Duzéa, n'étaient plus là pour me fêter ; l'impitoyable mort les avait tous fauchés en quelques mois. C'est en songeant à eux que je traversai la ville paisible, cantonné dans un angle du tramway qui fait le service de Perrache aux Brotteaux.

Rue Masséna, nous fûmes reçus de la façon la plus aimable par la famille Fournier, et notre soirée fut consacrée à revoir la Guillotière et les voisins de jadis : Prieur, Demaison, Vibert, Viallet ; on utilisa, en passant, les services de notre ancien coiffeur Valleron, et là se bornèrent nos visites.

Nous voici revenus chez M. et Mme Fournier; c'est l'heure de la soupe et tous deux sont occupés à servir leurs clients attablés ou les ménagères qui viennent s'approvisionner en sortant des ateliers. Il y aurait à faire là de curieuses études de mœurs, et je prenais plaisir à scruter ces physionomies si diverses et, la plupart, typiques. Ce sont des isolés, hommes ou femmes d'un certain âge, savourant silencieusement le grand bol d'excellente soupe qu'on leur sert pour quelques sous. Ils mangent quelquefois un petit pain et boivent un *canon*, mais jamais plus. Le matin, un gamin de 4 ou 5 ans était venu se faire servir un café au lait et un croissant. — As-tu un bon ? lui avait dit papa Fournier, goguenard, tout en le servant. Et la question n'était pas inutile, car le jeune gaillard venait souvent s'installer ainsi de son chef. Cette fois, la mère avait bien autorisé le croissant, mais pas le café ; elle ne fut pas surprise d'ailleurs de trouver son fils attablé et faisant *trempette* en gourmet précoce. Il est juste de reconnaître que le gamin ne fut guère troublé non plus par la semonce de sa mère et qu'il ne perdit pas pour cela une bouchée de son déjeuner. Ah ! la maman Fournier est bien connue de tous les enfants du quartier dont les mères sont obligées d'aller de bon matin à l'ouvrage ! et son établissement économique rend de véritables services aux travailleurs.

Le menu de notre dîner à nous fut moins sommaire, comme on pense bien, car Mme Fournier sait traiter ses amis, et nous sommes confus de toutes ses amabilités.

Le lendemain, dimanche, pendant que les fêtes officielles se déroulaient à Valence, où l'on inaugurait les monuments d'Emile Augier et de Bancel, le brave Antoine, gendre de nos hôtes, accompagné de sa gentille femme, nous conduisit en voiture aux îles de la Pape.

C'est un endroit très fréquenté par les amateurs de verdure ensoleillée et... de friture tout à la fois.

Le passeur Chailler, le chef coiffé d'un immense

chapeau de paille, nous fait traverser le Rhône sur sa *traye* et nous voilà furetant dans les hautes herbes, tandis que le déjeuner s'apprête.

Une heure après, le couvert était mis sous la tonnelle et nous savourions la friture, l'omelette et le poulet qui composaient notre menu champêtre, avec les fruits et les gâteaux et le petit verre de marc accompagnant le café.

Lucienne a trouvé un compagnon dans le sergent Pierre Fournier qui lui rappelle son cousin Auguste, et tous deux gambadent sur l'herbe quand ils sont fatigués de la balançoire, non sans troubler parfois la sieste du papa Fournier par quelque espièglerie.

Mais le soir arrive, mons Gabriel, notre photographe amateur, dispose son appareil et prend le groupe. C'est le signal du départ et l'on regagne la rue Masséna où de gentilles cousines de Saint-Etienne attendent ma belle-sœur. La soirée passe vite en leur compagnie, et ce dîner charmant clôture notre séjour à Lyon dont nous garderons le meilleur souvenir.

III

LES FÊTES D'ORANGE

Lundi 1ᵉʳ août. — En route pour Orange !

Après avoir dépassé Valence dont la gare est toute pavoisée, nous portons nos regards sur le Rhône, chaque fois que le train côtoie le fleuve ;

mais la flottille félibréenne est déjà passée, sans doute, car nous ne l'apercevons pas. Et voici que la pluie se met à tomber malencontreusement. Est-ce que le ciel réserverait les ondées dont il est si avare en Provence, juste pour la représentation du soir au théâtre antique ? Ce serait un désastre pour la ville d'Orange, et le succès des représentations futures pourrait en être compromis. C'est là ce que chacun se demande avec anxiété.

Un peu avant notre arrivée, la pluie cesse ; mais, à l'aspect de la route, pleine de flaques d'eau, nous jugeons que l'averse a été bonne et nous apprenons, en débarquant, qu'elle a marqué l'arrivée du président de la République et de sa suite. Crottés comme des barbets, les journalistes parisiens faisaient piètre mine et fulminaient à la fois contre les éléments et contre le Midi ! Leurs articles du lendemain ont dû se ressentir de leur mauvaise humeur.

Après une promenade dans les rues de la ville, jusqu'à l'Arc de triomphe de Marius, nous gagnons l'habitation de M. Antony Réal fils, directeur de la *Provence artistique*, dont le père a été le promoteur des représentations modernes au Théâtre antique, et qui vient lui-même de publier chez Lemerre l'historique de ces représentations, dans un intéressant ouvrage orné de jolies vues et de portraits.

Là, peu à peu, arrivent les invités, reçus avec la meilleure grâce du monde par madame Fernand-Michel.

A notre entrée dans le salon, notre président, M. Sextius-Michel, toujours jeune et galant, tient compagnie à une belle Niçoise ; puis arrivent MM. Bout de Charlemont, Albert Tournier, des journalistes méridionaux, et l'on prend place à table, une table copieusement servie, où chacun est à son aise, grâce à l'amabilité des amphitryons. Aussi, M. Tournier est-il très applaudi quand il propose d'élever dans le jardin un monument qui rappelle combien la demeure d'Antony Réal est hospitalière aux Félibres.

Et, là-dessus, la pluie ayant cessé depuis une heure, au grand soulagement de tous, on se rend au Théâtre antique.

Le vaste amphithéâtre est déjà occupé par dix mille spectateurs, et il en arrive toujours, à tel point que certains ne trouvent pas à se placer. Du bas de la scène, le coup d'œil est féerique, et cette multitude échelonnée sur les gradins circulaires, et accrochée pour ainsi dire à la montagne, sous le ciel bleu constellé d'étoiles, — car un coup de mistral a vite emporté les nuées — offre un spectacle vraiment grandiose et inoubliable.

Nous gagnons avec peine la loge municipale et, bientôt après, M. Félix Faure fait son entrée en face de nous, aux sons de la *Marseillaise* et aux acclamations de l'assistance.

Le poétique prologue de M. Louis Gallet : *les Fêtes d'Apollon*, a été un instant troublé par le vacarme de quelques spectateurs qui ne trouvaient pas à s'asseoir ; mais, le silence établi, on a fort goûté le spectacle et l'on a fait une ovation à Silvain, décoré après la représentation, et aussi à Mlle Bartet quand elle est apparue sous les traits de la France, le drapeau national à la main, pour scander les beaux vers qui terminent l'œuvre.

L'impression a été plus profonde encore avec *les Erinnyes*, de Leconte de Lisle, grâce à l'excellent orchestre de Colonne qui soutenait le débit des acteurs. Mlle Dudlay y a remporté un succès bien mérité, et un mignon petit chat, nullement effarouché par l'éclat des lumières, est apparu sur les marches du temple au moment le plus pathétique, comme pour venir l'écouter.

Déjà, en 1894, un chat avait également paru sur la scène : serait-ce une tradition ? Les amoureux du pittoresque ne s'en plaindraient pas.

Je ne parlerai pas de la deuxième représentation, à laquelle je n'ai pas assisté : le spectacle est d'ailleurs moins dans le spectacle lui-même que dans l'aspect de la scène et du public.

Ce qui est à noter cette année, c'est l'introduction de la musique dans les représentations. On semblait redouter que le lieu ne convînt pas à des auditions musicales : l'expérience est faite maintenant, et l'Opéra peut venir sans crainte la prochaine fois ; pas une note ne s'est perdue, pas un solo n'a raté par cette nuit silencieuse et tiède que le mistral n'a pas troublée.

A une heure du matin, nous étions dans le train, emportant de cette soirée artistique un ineffaçable souvenir intellectuel, sans parler d'une impression de... fraîcheur, laissée par le tapis des banquettes ayant reçu la pluie, et dont mon pantalon garde encore l'empreinte...

IV

UNE HALTE A SORGUES

LE FÉLIBRE FIRMIN SAUVAN

Pour ne pas recommencer les pérégrinations de 1894, dans les rues d'Avignon, à la recherche d'un logement improbable, l'idée m'était venue de m'arrêter à Sorgues, et je m'en félicite doublement, car, outre le gîte assuré, j'y ai trouvé le cordial accueil d'un brave cultivateur, le félibre Firmin Sauvan, que je ne connaissais pas encore *de visu*. La *Province* à la main, en signe de ralliement, il était sur le quai de la gare, attendant notre arrivée, en compagnie de sa femme et de sa fille au minois charmant.

Notre sympathie leur fut acquise à première vue et ils nous conduisirent à l'hôtel où ils avaient retenu nos chambres, juste en face de la gare, et l'on se rafraîchit sous le grand hall de l'établissement, avant d'aller goûter un repos bien gagné.

Le lendemain, visite à la famille Sauvan dans la matinée ; puis, emmenant avec nous Marguerite, déjà compagne inséparable de Lucienne, nous allâmes visiter Avignon.

Sur le plateau de la Roche-des-Doms, qui domine la ville et le palais des Papes, je serrai la main au sculpteur Amy et à son fils, qui, comme nous, étaient venus jouir de l'imposant panorama qui se déroule de là-haut aux yeux du spectateur charmé.

Après cet hommage du touriste à la nature, je tenais à présenter le salut du félibre à la veuve du regretté « Cascarelet », à madame Roumanille, et je me rencontrai, dans sa petite boutique de librairie, avec Eugène Garcin tout heureux de revoir, après tant d'années, le ciel de sa Provence, et d'embrasser de vieux amis comme Tavan et Giéra, qui assistèrent avec lui à la naissance du Félibrige.

Ah ! le culte du souvenir, comme il double l'intérêt des choses ! mais combien il se perd, de nos jours !

Après une halte au café Février, où je serrai la main à M. Deluns-Montaud, le seul félibre aperçu dans les rues d'Avignon, nous avions regagné la voiture de Sorgues.

Et pendant que se donnait, à Orange, la représentation d'*Antigone,* nous prenions part à la fraternelle agape que nous offrait Firmin Sauvan, tout heureux de nous recevoir dans sa demeure.

Nous avions eu beau recommander à Mme Sauvan de ne pas faire d'extra : elle avait mis les petits plats dans les grands, selon l'expression des voisins, et son talent de cuisinière fut apprécié à sa valeur. Il y eut surtout des aubergines farcies dont je me régalai, sans parler de tout le reste. Et ce fut charmant, ce dîner pris en famille, devant la porte ouvrant sur la route, et j'étais heureux de contempler cette belle tête de paysan inspiré, ayant auprès de lui l'aïeule aux cheveux blancs ; sa femme à la figure intelligente, et débrouillarde comme quelqu'un qui a passé quelques années à Paris ; et sa fille aînée au doux sourire et au teint rose, et son espiègle Marguerite aux yeux bleus pétillants de malice !

Cette délicieuse soirée intime nous reposa des fêtes officielles, et notre séjour à Sorgues restera comme la note idyllique de ce voyage au pays du soleil.

Félibre dans l'âme, tout dévoué à la Cause, Firmin Sauvan écrit peu, mais lit beaucoup, et il sait par cœur nombre de poésies de Mistral, d'Aubanel, de Mathieu et de bien d'autres. Son seul regret est de ne pouvoir causer de ce qui l'intéresse tant avec d'autres félibres ; mais il est seul à Sorgues, et les gens à qui il s'adresse ne le comprennent pas.

Un seul ami, là-bas, un industriel de l'endroit, esprit cultivé, homme intelligent et bon dont j'ai été charmé de faire la connaissance, M. Blanchet, qui a fréquenté longtemps Mistral et m'a conté sur lui de savoureuses anecdotes, sait relever le courage parfois abattu du *felibre-travaiadou* de Sorgues.

Brave Sauvan ! va, que t'importe ! ne te laisse pas rebuter par les sourires railleurs des sots et continue à te nourrir d'idéal après tes rudes journées de labeur; tu as l'estime des penseurs et l'amitié de ceux qui, comme moi, aiment à voir le paysan s'ennoblir par la lecture et par l'étude, sans pour cela déserter son humble condition.

La France ne se relèvera que par les paysans, car ce sont eux qui lui donnent le pain et le vin et qui la défendent le plus vigoureusement aux heures du danger.

Ainsi que te l'écrivait le vénérable évêque de Verdun, Mgr Pagis, il nous faudrait beaucoup de paysans comme toi, « au caractère élevé, à l'âme généreuse, continuateurs des grandes traditions du passé ; » non de ces paysans vaniteux qui veulent singer les gens des villes et faire les esprits forts, mais des hommes sincèrement attachés à la terre et comprenant la grandeur de leur mission ; des travailleurs au corps robuste et aux goûts simples, pareils à ceux qu'exaltait fièrement Anselme Mathieu quand il disait :

> Li tres quart dóu Miejour sian de bono familho.
> E tau dins un gara
> Lou vesès laboura,
> Que se pourrié signa : Comte de Ventimiho !

C'est parce que tu es un de ces paysans de race que je t'aime et te salue, brave Sauvan !

Si tu as été heureux de me recevoir dans ta demeure, comme le prouvent les vers que tu m'as adressés, j'ai été non moins heureux de te donner cette marque publique d'estime et de considération, et c'est moi qui suis ton obligé pour le réconfort que j'ai puisé à ton foyer, asile de paix, de travail, de simplicité, d'affection et de poésie !

AU MÈSTRE EN GAI-SABÉ LUCIAN DUC

à l'óucasioun de la vesito que m'a facho à Sorgo

Siéu mai qu'urous, moun brave Du,
De tant d'ounour que me fas, tu,
    Dedins, deforo :
Un ami tau, en verita,
Me fai grand gau de recata
    Dins ma demoro.

Un ami franc es un tresor
Que pagarias au pres de l'or ;
    Mai, causo tristo,
Es que, sus dès que fan bèu-bèu,
Nòu vous voudrien saupre au toumbèu,
    Liuen de sa visto !

D'ami, pamens, n'i'a de verai,
Que Diéu lis a marca dóu rai
    De la sagesso ;
Rai que pertout a de resson
Servènt pèr embandi la som
    E la tristesso.

Tu n'en siés un, brave Lucian,
Qu'as à regrèt lis us ancian
    De nòsti paire,
Que se prestavon tant d'argènt
Darrié la porto... Aro, i'a rèn
    Que de troumpaire.

Es pèr acò que, dins mi cant,
Lausarai Diéu, paure pacan
    De la Naturo ;
Lou pregarai en vers divin
Pèr que nous garde lou bon vin
    E l'aigo puro.

Vèngue à la fin moun darrié jour,
Pecaire ! i bord dóu negre gourg,
    De l'aigo fousco,
M'entancharai vers lou lauroun
Ounte lou batelié Caroun
    Sèmpre es en bousco...

Fermin SAUVAN.

4 d'avoust 1897.

V

UNE FÊTE FÉLIBRÉENNE
A CHATEAUNEUF-DU-PAPE

De toutes les fêtes félibréennes portées au programme, la journée de Châteauneuf m'avait paru devoir être la plus caractéristique et la plus charmante : au sortir des représentations d'Orange où, noyé dans la foule et dans le bruit, on ne devait qu'au hasard seul de rencontrer des visages connus, nous allions nous retrouver comme en famille, dans un humble village, pour honorer la mémoire d'un poète provençal aimé de tous, un des sept fondateurs officiels du Félibrige, à la fois le Tibulle, l'Anacréon, et même un peu l'Horace de la Provence : j'ai nommé Anselme Mathieu.

Aussi, ne pouvant suivre la caravane cigalière jusqu'à Sisteron, j'avais jeté mon dévolu sur Châteauneuf-du-Pape comme sur l'étape la plus pittoresque du voyage.

Ah! pour pittoresque, elle le fut! mais quelque peu désillusionnante, comme vous allez en juger.

Les félibres devaient partir d'Avignon en voiture à neuf heures du matin, pour arriver à Châteauneuf à dix heures et demie.

— Les véhicules vont être bondés, me dis-je, et n'auront certainement pas quatre places disponibles à leur passage à Sorgues. En conséquence, je trouvai plus sûr de louer un petit break pour nous transporter tous les quatre, plus notre ami Firmin Sauvan, qui avait pris un jour de congé en vue de cette fête champêtre.

.·.

A dix heures, par un soleil de plomb, nous gravissions la côte poudreuse. Bientôt le château de Roche-Fine montre son profil sur la hauteur, à droite; plus près et dans un site plus ombragé, voici un autre château : c'est la Nerthe, me dit-on, la résidence du Maire, monsieur le député Ducos.

C'est là, sur ces coteaux bien exposés au soleil, que se récoltent les crus fameux qui furent jadis la propriété des Papes, et je me représente par la pensée
    Lou papo Clemènt V, d'assetoun sus sa miolo,
    Anant vèire sa vigno, amount, à Castèu-Nòu...
suivant les vers de Félix Gras.

Les oliviers alternent avec les vignes et, çà et là, quelques taillis ; mais que tout cela est brûlé !

l'herbe, jaune et rabougrie, implore en vain le ciel dont les cataractes ne s'ouvrent pas sur le Midi, tandis que le Nord est saturé d'averses continuelles.

Nous débouchons, à l'heure dite, sur la place du village, où les gens de l'endroit nous dévisagent curieusement, car nous sommes les premiers arrivés.

Aussitôt, nous considérons comme un devoir d'aller présenter nos hommages à M. Louis Mathieu, le frère du poète que nous venons exalter. Nous sommes reçus par lui et par sa dame de la façon la plus cordiale et avec cette simplicité exquise qui va se perdant de jour en jour.

Le brave homme nous parle de son frère avec émotion, nous montre sa photographie et me remercie d'avoir eu la pensée de venir dire des vers en l'honneur d'Anselme.

Après avoir dégusté un petit verre d'excellente liqueur de ménage, de la fabrication de madame Mathieu, nous allons ensemble devant la Mairie pour assister à la réception des Félibres, car il est onze heures.

La population, endimanchée, est échelonnée sur la route et attend. Nous faisons comme elle, la caravane n'étant pas encore arrivée, et nous avons tout le loisir d'admirer les jolis minois des filles du pays, au type très pur, rappelant la Grèce antique. Ah ! l'on comprend à merveille qu'Anselme Mathieu les ait chantées, ces gentilles *chato* à la taille élégante, à la démarche légère, au teint rose et aux yeux de velours qui lancent de douces flammes, tandis qu'un aimable sourire laisse voir leurs quenottes blanches et donne à leur physionomie un parfum de poésie qui lutte avantageusement avec celui des brins de lavande ou de romarin dont leur corsage est orné. Les gars aussi ont fière mine et la vaillance se révèle dans leurs yeux vifs, leurs muscles robustes et leur allure décidée.

Mais que font donc les félibres ?

Deux ou trois voitures particulières viennent d'amener une partie de l'Etat-major : Sextius-Michel, le président du Félibrige de Paris, Maurice Faure et sa charmante dame, Albert Tournier, Truphême, Soleau, maire d'Antibes, en compagnie de son collègue de Vallauris, avec lequel je m'entretiens un moment de l'excellent capitaine Maurice Girard, l'auteur de la *Garbeto valauriano*. Voici encore, avec sa fille et son gendre, le célèbre critique Francisque Sarcey à qui l'on présente bientôt une députation d'instituteurs qui l'appellent leur *oncle*. Heureux Sarcey ! sa réputation l'a suivi jusque dans ce bourg haut perché, où il se montre bon enfant, il faut le reconnaître.

Cette avant-garde attend comme nous, et les grelots des attelages d'Avignon ne se faisant toujours pas entendre, monsieur le Maire n'a pas la cruauté de faire griller plus longtemps sa musique sur la route : il la ramène à l'ombre des maisons, après avoir laissé le garde champêtre comme vigie.

Enfin, voici les retardataires ! Deux voitures de

courses les déversent sur la place. Mentionnons, parmi les arrivants, le *Capoulié* Félix Gras, le chancelier Paul Mariéton, Alexis Mouzin, Gourdoux, qui espère se rattraper ici de ses déboires de Valence ; le sculpteur Amy, imposant au soleil avec sa barbe de fleuve ; Eugène Garcin, tout heureux de retrouver son ami Tavan ; Ernest Plantier, enfin libre de ses mouvements, après sa corvée d'Orange pour la distribution des billets de faveur ; Louis Gallet, vice-président de la Cigale ; Hippolyte Guillibert, d'Aix, successeur de Mathieu au majoralat ; Bastide de Clauzel, du Languedoc, et quelques dames, parmi lesquelles une aimable Parisienne en costume arlésien, qu'elle porte à ravir : Mme Gabrielle Louis.

Les félibres provençaux ne sont pas venus en foule, comme nous l'espérions, et il manque surtout à la fête le grand maître Frédéric Mistral, au vif désappointement de Lucienne qui se faisait une joie de lui dire des vers au banquet.

Le cortège se forme et, vu l'heure avancée, au lieu de s'arrêter à la Mairie, on se rend directement à la place du Saint-Esprit, où la foule s'entasse devant le mur de l'église dans lequel on a encastré le médaillon ciselé par Amy à la gloire d'Anselme Mathieu.

Le soleil est accablant et la placette étroite, et j'envie les heureux habitants qui peuvent jouir du spectacle de leurs fenêtres. Mais voici monsieur le Maire qui monte sur l'estrade réservée aux orateurs, et son discours tout parfumé de poésie nous fait oublier les ardeurs de Phébus. C'est vraiment une page exquise que nous a donnée là M. Ducos en nous détaillant le paysage qui nous entoure, et je suis heureux de pouvoir en faire goûter le charme aux lecteurs de la *Province*.

DISCOURS DE M. DUCOS

MESDAMES ET MESSIEURS,

En vous recevant au seuil de ce petit village de Provence, je me sens pris de confusion à la pensée de ne pouvoir, comme je le voudrais, vous faire accueil en ce vieux et poétique langage, au charme souverain, dont vous entretenez parmi nous le pieux renouveau.

Certainement, s'il est un honneur qui m'étonne, c'est que, devant ce groupe d'artistes, moi, barbare et profane en leur gaie science, je sois appelé à parler ici le premier de celui que vous venez commémorer et faire revivre aux lieux mêmes où toujours il voulut vivre, aimer et chanter !

Anselme Mathieu, dont, avec une fidélité attendrie, le sculpteur a reproduit le profil perdu sur ce bronze au relief léger qui rappelle les élégances de notre Renaissance française ; Anselme Mathieu fut peut-être celui de votre pléiade moderne qui le plus scrupuleusement a pénétré son œuvre des saveurs de la terre natale. Dans ses chansons ailées, mêlant avec une concision vraiment latine la grâce de Catulle au trait incisif de Martial, il a fixé d'une touche à la fois sobre et précise les plus fugaces, les plus ténus et subtils aspects de la nature et du paysage de son pays.

C'est là, sur cette esplanade de la vieille tour papale dont le pied s'étaie au mur des Templiers où nous voilà réunis, sur ce plateau du *bèu-vesé*, s'il m'est permis d'employer un de ses jolis mots intraduisibles pour nous ; c'est au centre de cet horizon familier qu'il venait rafraîchir son regard aux aspects changeants du jour. Dans ce cadre merveilleux, ici borné par les dentelures du Ventoux que prolonge la traînée de cendre bleue des Alpilles fuyantes ; là borné par cette paroi de déchiquetures féodales d'où le Rhône, calmant sa course aux méandres des îlos, va s'échapper par la brèche triomphale d'Avignon, pour de là se perdre dans le grand azur méditerranéen ; là enfin dans l'épanouissement de ce jardin du Comtat, coupé d'ombrages et d'eaux vives, où, parmi l'alternance des verdures, la sombreur de l'yeuse, la feuille changeante de l'olivier tremblant, la profonde émeraude des vignes et des prés, pointent, comme des joyaux ensoleillés, entre leurs tourelles et leurs pans de remparts branlants, tant de petites cités jadis célèbres, et dont pas une aujourd'hui n'ait à s'enorgueillir d'un troubadour ou d'un félibre : c'est là qu'il a voulu borner, enfermer sa vie et son regard ; là seulement, jamais ailleurs, jamais au delà !

C'est dans ces sentes aimées, ces combes pierreuses, à travers les kermès épineux et les perdreaux effarouchés, qu'il cueillait les fruits savoureux de sa poésie ; qu'il notait, au passage, le galbe et le délicat sourire de ses belles filles ; le grand geste de ses amis, pâtres et pêcheurs, chemineaux de nos campagnes ; et la ligne si fine et si juste de ses paysages, et sa flore charmante, sa flore embaumée, dont il connaissait herbe à herbe, brin à brin, les noms et les surnoms, les légendes, les traditions et les vertus secrètes, — thym, sauge et lavande, *ferigoulo* et *roumieu*, (1) autant de cassolettes de parfums épandues sous ses pieds, — d'où, comme autrefois nos romanesques enchanteurs, il savait, par une sorte d'alchimie poétique, distiller en ses vers le baume et les philtres puissants !

Oui, le sculpteur Amy l'a bien représenté sur ce médaillon, émergeant sa tête couronnée d'un entrelacs de raisins et d'olives, ces armes parlantes de notre vieux Châteauneuf !

Vous souvient-il comme, dans un de ses chants, il a symbolisé la vigne, la vieille vigne de son pays ? — avec ses rampements de couleuvre, ses tortuosités de salamandre au soleil, ses feuilles de

---

(1) Plante aromatique du pays, dont la fleur se change en fruit au moment des vendanges et dont les rameaux entrelacés, déposés au fond de la cuve, pour empêcher le marc d'obstruer l'ouverture de la bonde, donnent au vin de Châteauneuf un bouquet particulier et très agréable.

cinabre ardent, ses vrilles retorses où, la nuit, dit-on, le rossignol laisse emprisonner ses ailes pour mieux prolonger la plainte de son chant, et, dans le plein midi, ses grappes négligemment épandues sur la rugueuse écorce, comme pour mieux amasser, goutte à goutte, le moût suave et rosé ; — sa vigne à lui, sa vigne des *Combes-Masques*, vieille de deux cents ans, plantée sous l'œil des sorcières, un soir de bonne lune ; — sa vigne brave et fière, à qui suffit encore un seul coup d'araire ! — Que d'autres, lui disait-il, soient orgueilleuses d'aller gonfler les fiasques d'or d'une table royale ; à toi d'échauffer le chant du Félibre, de lui verser ce flot de pourpre et de rubis, ce vin magnifique et populaire, dont il a, dans un de ces vers à forte redondance, si bien dit

<blockquote>Qu'il donne le courage et le chant et la joie !</blockquote>

Sur ce vieux mur, doré par tant de soleils, à ce carrefour des routes, où passèrent tant d'échos chantants, à qui désormais viendront se mêler les siens, aubades, sérénades, soleillades, comme il les appelait, et ceux-là aussi que d'autres nomment leurs *amours* et que lui, par une métonymie naïve, il nommait simplement ses *poutoun*, ses baisers : — c'est là que nous placerons son image.

Et c'est là aussi, si vous le permettez, Mesdames et Messieurs, que nous fixerons le souvenir de cette heure charmante et rapide où vous êtes venus, disciples fidèles, l'offrir à ses compatriotes comme un monument de commémoration, doublement précieux et par la valeur de l'œuvre et par la grâce du don ; de cette heure où tous ici, ses amis, sa famille et moi-même, heureux de servir à l'expression d'un remerciement unanime, nous l'avons faite nôtre, adoptée, acclamée, promettant de la défendre contre le temps et l'oubli !

Afin que désormais, dans ce cadre de nature immortelle, dans ce coin perdu de notre France — en qui toujours, par l'infusion du génie de tant de races diverses, germe et se reproduit l'adorable unité de la grande Patrie, — d'autres et d'autres encore, après nous et de siècle en siècle, contemplant au tournant du chemin sa souriante physionomie, s'excitent, comme lui, à glorifier dignement leur pays, dans son exquise, radieuse et impérissable beauté !

Des applaudissements enthousiastes accueillent ce beau discours et M. Sextius-Michel fait à son tour l'éloge du poète des baisers. Sa finale est aussi très applaudie, et nous la donnons volontiers ici :

O doux poète qu'on a si justement surnommé *lou felibre di poutoun*, ingénu chercheur d'idéal, toi qui, malgré les ronces et les broussailles des réalités poignantes, as toujours marché en des sentiers peuplés de rêves ; toi qui as chanté l'amour et la beauté sur la terre classique des troubadours, ah ! sois aimé et honoré par ceux qui chantent encore !

Et si, dans l'air subtil qui nous entoure, quelque chose de toi peut voir encore et entendre, ô notre hôte d'un jour, réjouis-toi !

Dans un temps prochain, un hommage aussi durable que les beaux discours et les rimes sonores, consacrera ta mémoire à jamais.

Grâce à la munificence d'un homme plein de clairvoyance et de dévouement, grâce à l'excellent maire de Châteauneuf-du-Pape, à cette place même, une élégante fontaine s'élèvera, surmontée du beau médaillon que nous inaugurons aujourd'hui. Elle sera l'ornement de cette partie du village qu'abrite le vieux château de Lers ; elle sera la joie des enfants qui, le dimanche, reviennent des champs, tout barbouillés de mûres, et les bonnes ménagères, accortes et jolies comme toutes les Comtadines, iront y puiser l'eau fraîche et limpide dans la *dourgue* traditionnelle.

Parfois même, qui sait ? deux jeunes fiancés, au sortir de l'église voisine, s'y arrêteront aussi, comme les bergers de Virgile devant la source sacrée, et, dans l'honnêteté des étreintes permises, ils uniront de nouveau leurs cœurs et leurs mains, sous le regard bienveillant du *Félibre des baisers*.

Pour donner une idée du genre de la poésie d'Anselme Mathieu et de sa délicatesse de touche, voici un fragment de la pièce intitulée *l'Endourmido* (la dormeuse) cité par M. Sextius-Michel, et que je me suis plu à traduire en vers français, non mot à mot, — ce serait impossible — mais de manière à en faire ressortir toute la saveur poétique :

L'ENDOURMIDO	LA DORMEUSE
Soun clar fichu de mousselino	Son clair fichu de mousseline
Laisso entre-vèire soun sen blanc,	Laisse entrevoir son beau sein blanc,
E l'auturoun de sa peitrino	Et le contour de sa poitrine
Mounto e davalo en tremoulant.	Monte et s'abaisse, tout tremblant.
D'amount, la luno que chauriho,	Du ciel, la lune qui surveille,
Baiso soun front sènso clamour,	En un baiser, lui dit bonjour,
E n'auso pas, meme à l'auriho,	Et n'ose pas, même à l'oreille,
Ié dire un mot, un mot d'amour.	Lui dire un mot, un mot d'amour.
Intro plan, luno amistadouso,	Entre sans bruit, lune joyeuse,
Dins la chambreto mounte jais...	Dans sa chambrette au frais décor..
Laisso dourmi moun amourouso	Laisse dormir mon amoureuse
E mete-me dins si pantai !	Et mets-moi dans ses rêves d'or !

Mais voici M. Félix Gras, les cheveux en arrière, les yeux brillants, qui parle en provençal avec une verve et une bonhomie fort goûtées de l'assemblée et principalement de ces paysans que certains accusent de ne pas comprendre la langue des Félibres. M. Sarcey lui-même a noté les rires des indigènes aux passages savoureux du discours du Capoulié, ajoutant que, par contre, ces mêmes indigènes n'avaient pas compris grand'chose à la poésie qu'on leur a débitée ensuite. Il est vrai que nos vers étaient écrits « dans la langue de Mistral » et que les phrases de Félix Gras étaient « en patois du pays ! » Vous doutiez-vous de la différence, cher Capoulié ?

M. Sarcey avoue, du reste, qu'il fut *collé* par un jeune félibre qui lui répliqua triomphalement :

— Est-ce qu'un épicier de la rue St-Denis entend les vers de Leconte de Lisle ou de Verlaine ?

Évidemment, la poésie, par les images qu'elle emploie, est toujours moins accessible que la prose à la généralité du public ; mais ce n'est point particulier à la langue provençale. Si, d'ailleurs, le peuple de Châteauneuf a paru indifférent à la lecture des vers de M. Henri Bouvet, c'est qu'il ne les a pas entendus, le poète avignonnais n'étant pas doué d'un organe éclatant. Mais, lorsque je suis monté après lui sur l'estrade, et que j'ai clamé mes strophes d'une voix forte et chaude, la foule en a parfaitement saisi toutes les allusions, et la preuve, c'est qu'elle a applaudi aux bons passages, notamment — la remarque a été douce pour moi, qui me suis fait l'apôtre de la vie rurale — lorsque j'ai dit que Mathieu ferait aimer aux jeunes gens qui viendraient épancher leurs cœurs au pied de son image, et la langue du pays, « et la vie au soleil ! »

Voici mon ode, qui n'a certes pas besoin de traduction pour la majorité de mes lecteurs :

Au Felibre di Poutoun

PÈÇO DICHO A L'INAGURACIOUN
DÓU MOUNUMEN DE L'ESCULTAIRE AMY
auboura à la memòri d'Ansèume MATHIÉU
pèr li Felibre de Paris
à Castèu-Nòu-de-Papo, lou 4 d'avoust 1897

Eici, dins Castèu-Nòu, galant nis de troubaire,
Óublidant l'amarun e li raive enganaire,
  O grand cor generous,
Te pausaves dóu brut di cansoun e di fèsto,
Umble emé li pacan, mai redreissant la tèsto
  Davans lis auturous.

Qu'ères bèu quand disiés, enaurant ta patrìo :
« Li tres quart dóu Miejour, sian de bono famiho ! »
  E Milord espanta
Di sentimen princié de ta fièro espouscado,
De-segur, regretè de l'avé mespresado
  Toun ouspitalita !

Iéu t'amire, Mathiéu, dins toun noble paurige :
Noun te leissant gibla pèr li cop de l'aurige,
  Anaves, simple e grand,
Urous de semena l'amour e li poutouno,
E de vèire espeli di bouco di chatouno
  Lou rire pur e franc.

T'aviéu vist eilamount, dintre la capitalo ;
Aviéu sarra ta man grand duberto e leialo,
    E m'aviés pivela
En nous disènt, galoi, de vers qu'ausisse encaro :
Ah ! m'ensouvèn toujour e de ta fino caro
    E de toun dous parla !

Di naturo d'elèi pourtant au front la marco,
Me siés apareigu vertadié patriarco,
    E, coume Anacreoun,
Te poudèn courouna de roso emai de pampo.
Vai, aro, pòu boufa subre tu la cisampo :
    As plaço au Panteoun !

Ié siés em' Aubanèu e lou bon Roumaniho,
E fasès tòuti tres qu'uno memo famiho
    Que de-longo amaren ;
Pèr li felen devot de nosto Santo Estello,
Miòugrano e *Farandoulo*, e *Conte* e *Sounjarello*
    Soun de rai azuren.

A coustat de Mistral, qu'encarno touto glòri,
Tambèn de tu, Mathiéu, se gardara memòri :
    Se l'aiglo, dins soun vòu,
Sus li piue gigantas nous porto d'un cop d'alo,
Tu, siés l'oste escouta de nòsti niue pourpalo,
    Siés noste roussignòu !

Li chato e li jouvènt sèmpre vendran en foulo,
Aqui, souto tis iue, faire la farandoulo
    E t'envouca belèu !
Saras lou counfidènt, lou diéu di calignaire,
E ié faras ama la lengo dóu terraire
    E la vido au soulèu !

T'aprendras la bounta, la noublesso requisto
Qu'a tant bèn reproudu lou cisèu de l'artisto
　　Sus toun gènt medaioun ;
E quand davalaren de Paris en Prouvènço,
Pèr t'adurre, esmougu, la flour de souvenènço,
　　Vendren en bataioun.

M'es grand ounour, encuei, de canta ti lausenjo,
Iéu qu'aviés embrassa coume un fraire en Aurenjo ;
　　Ami di darrié jour,
Au noum di Parisen te porge moun óumage,
Urous de faire encaro un nouvèu roumavage
　　I terro dóu Miejour.

E cride à Castèu-Nòu, que coume un gau s'ajouco :
« S'un jour quauco malandro empourtavo ti souco,
　　« Glòri de tis estiéu ;
« S'aviés plus pèr renoum toun vin de Roco-Fino,
« Diran sèmpre : Es lou brès dóu cantaire de Zino,
　　« Brès d'Ansèume Mathiéu ! »

Pour clore la cérémonie, M. Eugène Garcin évoque quelques souvenirs de la fondation du Félibrige et esquisse la philosophie de Mathieu.

Devant l'impatience de tant de gosiers desséchés, le frère du bon Anselme n'ose pas demander la parole pour remercier, au nom de la famille ; mais il serre la main à tous les orateurs avec des larmes dans les yeux.

Alors, au son de la musique, la foule redescend la ruelle montante et les félibres envahissent les voitures qui doivent les mener au lieu du banquet.

Le chancelier du Félibrige, organisateur des fêtes, a eu, en effet, l'idée poétique, mais peu pratique, de faire dresser le couvert au pied des ruines du vieux château de Lers, ayant appartenu aux princes de Soubise, là-bas dans la plaine, vers le Rhône dont nous apercevons les replis d'argent à l'horizon.

Il y a bien trois kilomètres du village aux ruines, et les voitures nous laissent à travers champs, les sentiers étant peu carrossables. Enfin, voici l'oasis tant désirée ! c'est un coin charmant, une allée de peupliers que le soleil ne perce qu'à ses extrémités, comme pour montrer la faveur qu'il nous fait en nous concédant un peu d'ombre.

Une immense table occupe cette salle à manger en plein vent, qu'avait dénichée M. Paul Mariéton, avec son flair de poète, dans une rapide tournée préparatoire. Car c'est à l'infatigable chancelier du Félibrige qu'échoit toujours la corvée d'organisateur : non point, comme le dit un peu irrévérencieusement F. Sarcey, parce qu'il est, de par ses fonctions, le « sergent-fourrier » de notre Compagnie ; mais parce qu'il s'offre très aimablement pour remplir une tâche qui demande à la fois des loisirs, de la fortune et des relations nombreuses, sans parler de l'esprit d'initiative et du sentiment du pittoresque, toutes choses qu'on ne peut dénier à Paul Mariéton. D'aucuns le chargent volontiers de tous les péchés d'Israël ; mais je ne suis pas de ceux-là : je reconnais qu'il est à peu près impossible de satisfaire tout le monde, et je ne formulerai qu'une critique à l'égard de notre ami : peut-être voit-il trop grand et ne tient-il pas assez compte des détails.

Mais qui est parfait en ce monde ? Et, vraiment, imputer à M. Mariéton le retard des cuisiniers de Châteauneuf est excessif ! Pourquoi ne pas le rendre responsable tout de suite du fumet des rôts et du plus ou moins d'arome des sauces !

Tout le monde ayant voué aux gémonies ce pauvre chancelier, durant ce banquet inoubliable de Châteauneuf, j'ai tenu à me faire ici son avocat, car il est trop grand seigneur pour se défendre lui-même.

Cette parenthèse close, entrons dans le détail de la fête gastronomique.

Il est deux heures quand nous prenons place à table : c'est dire que les appétits sont aiguisés de la belle façon ; mais le vide des estomacs n'est rien encore auprès de l'altération des gosiers : nous tirons positivement la langue..... et pas une bouteille de vin n'est encore en place ! On se jette sur les paniers, aidant les garçons à les déballer au plus vite : hélas! ils ne renferment que de la vaisselle et des verres ; les vivres ne sont pas encore arrivés !

Ce sont des exclamations et des « rugissements »

à faire trembler les vitres, s'il y en avait eu ; mais le vent, débonnaire, emportait les imprécations jusque vers les cigales voisines qui s'arrêtaient de chanter.

— De l'eau, au moins, de l'eau ! criait-on.

Mais il n'y avait pas plus d'eau que de vin, et la ferme du domaine était à un kilomètre de là.

Et pendant que le cigalier Truphême, au risque d'augmenter terriblement sa soif, se démène comme un beau diable et s'élève véhémentement contre ce déplorable retard des provisions de bouche, le fils Amy a la bonne pensée de s'emparer d'une cruche et d'aller la remplir au *mas*. A son retour, il est reçu comme le Messie, et chacun de lui tendre son verre ; mais, après une tournée générale, il cache prudemment son arrosoir sous la table, réservant pour le petit cercle des voisins le restant du précieux liquide.

Enfin, voici du pain, du saucisson et des olives, et les premières bouteilles de vin, dont s'emparent les plus hardis et qu'ils conservent jalousement à portée de leur main. Précaution superflue, du reste, pour la suite du repas, car, une fois la cave arrivée, les bouteilles ne manquèrent pas. Chose curieuse ! le vin fin était plus abondant peut-être que le vin ordinaire, et il était bon ! *Vin di Felibre*, portait l'étiquette, et tout félibre serait heureux, certes, d'avoir dans sa cave une provision de ce clair châteauneuf qui réchauffe doucement l'estomac en délectant le palais !

Qu'aurions-nous dit, si nous avions goûté le fameux cru de la Nerthe, qui marche de pair avec celui du château de Roche-Fine, et dont M. Ducos avait apporté quelques bouteilles pour le moment des brindes !

« Ah ! mes amis, quel vin ! s'écrie M. Francisque Sarcey avec enthousiasme : il est chaud, dépouillé, savoureux ! » Il faut vous dire que le malin critique, placé à côté de monsieur le Maire, n'avait bu que de ce vieux vin des papes, pendant que nous buvions de l'eau... Pour lui aussi, l'on découvrit un melon, je ne sais où, et, bon enfant, il en passait un fragment de tranche à ses voisins de face, à la pointe du couteau, non sans retirer malicieusement la main au moment où le fougueux Truphême, qui ne pouvait plus avaler sa salive, avançait la bouche pour happer au passage la tranche succulente... Aussi M. Sarcey déclare-t-il s'être amusé comme un pape.

« Autour de cette table où l'on n'a rien mangé, dit-il encore, c'est une joie débordante. On la compare au radeau de la Méduse, et la tour du château en ruines à la tour d'Hugolin, et l'on rit... »

Malgré les déboires du début, et à cause même de ces déboires, la vieille gaieté gauloise et félibréenne n'avait pas tardé, en effet, à se faire jour, et c'était une fusée de bons mots. Comme la bouillabaisse tardait à venir après les hors-d'œuvre :

— Patience ! s'écriait un loustic, on est en train de pêcher le poisson !

— On court après les poulets qu'on doit nous servir au rôti ! disait un autre.

Somme toute, si l'on a mal mangé, on a mangé tout de même, M. Sarcey étant le seul végétarien des convives. Les vivres ne sont pas arrivés en temps voulu : autrement, il y avait de quoi satisfaire les plus robustes appétits, avec le menu suivant : Bouillabaisse, aubergines à la bohémienne, poulets, gigots et dessert varié.

Si la bouillabaisse n'avait pas de tranches safranées, en revanche on avait fait cuire avec le poisson un fragment du journal qui l'enveloppait et que mon voisin s'acharnait à découper sans en venir à bout ! Ce premier plat mis de côté, on attaqua la bohémienne, mets succulent, me disait un convive. Je demande à y revenir dans d'autres conditions pour me prononcer : là, cette farce au fromage ne me dit rien qui vaille. Ah ! les aubergines de Mme Sauvan étaient autrement bonnes ! Parlez-moi de la cuisine sans prétention, à la ménagère !

Une cuisse de poulet fut ma pièce de résistance.

Quant au gigot, personne n'y toucha, car « l'écluse avait été ouverte aux discours » comme dit Sarcey.

Après avoir dit quelques mots chaleureux, auxquels répondit aimablement M. Deluns-Montaud, le Capoulié donna la parole à ma petite Lucienne qui, montée sur le banc, et charmante dans sa robe crème, débita sans gaucherie le compliment suivant :

LOU BRINDE DE LUCIANO

A LA FELIBREJADO DE CASTÈU-NÒU-DE-PAPO

lou 4 d'avoust 1897

« Saras felibresso, ma bello ! »
Me dis moun peirin douçamen,
E, vuei, me meno à Santo-Estello
E vòu que digue un coumplimen.

Vosto lengo meravihouso,
Me l'apren en me caressant ;
De la parla sarai urouso :
Escusas-me s'ai pas l'*acent* !

Mai dequé dire à de felibre,
A de pouèto saberu
Que fan de discours e de libre
E qu'à Paris fan tant de brut ?

I'a qu'uno causo que pòu èstre
E que me permetrés, belèu :
Acò 's de rèndre óumage au Mèstre,
Coume la mouissalo au soulèu !

Ounour au ciéune de Maiano,
Qu'i Miejournau douno lou toun !
Pèr li bouqueto de Luciano,
Paris ié fai un gros poutoun !

Le succès de la gentille felibresse de sept ans fut

énorme, et chacun de l'embrasser et de lui demander un exemplaire de son brinde.

La santé de Mistral absent fut ensuite portée par M. Sextius-Michel ; puis Albert Tournier but à la presse et à son éminent représentant, Francisque Sarcey, toujours jeune de verve et d'esprit. C'est à tort, lui dit-il, qu'on vous appelle *l'oncle* ; je propose que, dorénavant, les félibres ne vous nomment plus que leur *neveu !*

Cette spirituelle boutade fut applaudie à tout rompre et ce fut au tour de M. Sarcey de couvrir de fleurs les félibres.

— Nous ne doutons pas de votre sincérité, mon cher critique, lui répondit Maurice Faure, avec beaucoup d'humour ; vous nous faites risette maintenant ; mais notre gai soleil y est pour beaucoup, sans parler de l'exquis châteauneuf de monsieur le maire ; à cette heure vous subissez l'influence de notre milieu provençal ; mais, si la digestion d'un si mauvais déjeuner vient à être pénible, les pauvres félibres n'ont qu'à bien se tenir ! Nous vous attendons, mon cher Sarcey, à votre article de demain !

Avouez qu'après avoir été entortillé aussi habilement, notre *neveu* aurait eu mauvaise grâce à dauber sur nous. Aussi son article du *Temps*, à qui j'ai emprunté quelques citations, est-il parfait d'humour et de bonhomie narquoise, et Mariéton lui-même n'a pas dû s'en plaindre, bien qu'il en fasse tous les frais.

« La fête fut exquise et fort bien ordonnée ! » conclut le prince de la critique, et c'est là sa pointe la plus malicieuse. Mais peut-être se rattrapera-t-il ailleurs, quelque jour !

Après les discours, vinrent les vers et les chansons : M. Hippolyte Guillibert nous dit : *Chato e poutoun*, triolets élégants en l'honneur d'Anselme Mathieu ; madame Gabrielle Louis chanta gentiment la vieille romance : *Auprès de ma blonde* ; Alphonse Tavan détailla sa délicate poésie : *Li frisoun de Marieto*, et un paysan de la Crau, Charles Rieu, *Charloun*, comme on le nomme là-bas, nous régala de chansons de terroir qui ont grand succès dans le territoire d'Arles.

Trop modeste, mon brave Sauvan ne dit rien ; il observait en philosophe, et les accrocs de la journée le consolaient de ne pouvoir assister plus souvent aux fêtes officielles du Félibrige.

Pendant qu'il liait conversation avec M. Bastide de Clauzel, de Cournonterral, un félibre des plus sympathiques dont j'ai été charmé de faire la connaissance, je m'esquive un moment pour répondre à l'appel de mon frère qui me faisait signe d'aller à lui.

Depuis quelques minutes, il causait avec un monsieur qui se trouvait être le propriétaire du domaine de Lers et qui n'avait pas été peu surpris de rencontrer si nombreuse compagnie dans son champ, en venant relever les traces du gibier, un peu avant l'ouverture de la chasse, afin de pouvoir inviter ses amis en connaissance de cause.

Quand M. Agnel nous eut exprimé son étonnement, il ajouta de la façon la plus aimable :

— Si j'avais été prévenu de votre désir de banqueter sur mes terres, je vous aurais trouvé un endroit tout aussi champêtre, que j'aurais fait aménager exprès avec grand plaisir et où vous auriez eu de l'eau à votre portée...

— Nous regrettons vivement cet oubli, cher monsieur, en vous remerciant de vos bonnes intentions ; nais on ne pense jamais à tout quand on a tant de fêtes à organiser ! Et notre délégué de Châteauneuf ne nous a pas renseignés à cet égard.

Si je relate cet incident et cette conversation, c'est pour montrer combien est délicate l'organisation de la fête la plus simple en apparence, et l'on conviendra que ce n'est pas de Paris qu'on peut régler d'avance tous ces détails. Il faudrait avoir sur les lieux un représentant connaissant bien le pays et ses ressources et tenant à honneur de satisfaire tout le monde.

Et, tandis que je faisais cette réflexion mentale, je songeais au frère d'Anselme Mathieu, qui aurait eu à cœur, j'en suis sûr, que rien ne vînt troubler la sérénité d'une journée consacrée à la glorification du cher disparu. Mais mon regard le chercha en vain parmi les convives, où il aurait dû avoir, ce me semble, la place d'honneur. Je n'eus même pas le temps, au retour, de lui serrer de nouveau la main, et je tiens à lui exprimer ici toute ma sympathie. Certainement, si je retourne un jour dans ces parages, je serai heureux d'accepter l'hospitalité si cordiale qu'il a bien voulu m'offrir.

— Mon rêve, me disait l'autre jour Baptiste Bonnet — qui va faire paraître le deuxième volume de ses « Mémoires d'un valet de ferme », — serait de parcourir la Provence, en compagnie de deux ou trois vrais félibres parlant provençal, et de m'arrêter à tous les endroits où se trouve quelque adepte sincère de la Cause, ayant son originalité propre.

Eh bien, le mien serait quelque peu analogue. Je voudrais faire le pèlerinage du souvenir et de l'amitié : volontiers, après avoir déjeuné à Orange, j'irais dîner et coucher à Châteauneuf, pour, de là, descendre à Sorgues et Avignon, puis aller à Maillane, St-Remy, Le Paradou, Arles et Marseille. Et ce sont les plus humbles que je rechercherais, heureux de manger des aubergines chez Sauvan, une *brissaudo* (rôtie de pain trempée dans l'huile) avec Ange Silvestre, à son moulin, et une *anchoyade* avec Charles Rieu, au bord de l'étang des Baux. Alors, après avoir salué le maître à Maillane, serré la main du syndic à St-Remy et souri aux belles filles d'Arles, j'irais me reposer avec délices chez l'excellent Monné, si je ne pouvais pousser jusqu'en Languedoc : aller surprendre Arnavielle à Montpellier, Blavet à Alais, mon camarade Camille à Banne et Bastide de Clauzel dans sa gentilhommière si largement ouverte aux Félibres...

Ce cher Monné ! C'est le jour même du gala de

Châteauneuf que nous devions aller coucher chez lui ; mais le moyen de prendre le train à Sorgues à 6 h. 50, alors que nous étions encore à dix kilomètres de là à 5 heures, et que la fête suivait son cours ?

Pendant que les chants prennent fin, nous faisons le tour des ruines, en compagnie de M. Agnel qui nous invite fort aimablement à venir faire l'ouverture de la chasse avec lui si le cœur nous en dit, et nous regagnons bientôt les voitures qui doivent ramener les félibres dans la ville des papes.

Mme Sauvan avait eu l'obligeance de venir nous rejoindre avec une voiture attelée d'un mignon petit âne que Lucienne était enchantée de conduire et qui rendit tout de même ses voyageuses à Sorgues, une demi-heure après le passage de nos grandes tapissières.

Je mis à profit cette avance pour télégraphier à Monné de ne pas nous attendre avant le lendemain, et, de retour chez l'ami Sauvan, il fallut accepter de manger encore la soupe en famille, ce qui nous donna le plaisir de faire la différence entre un banquet officiel et un repas à la bonne franquette.

Pour conclure, je ne redirai pas carrément, après Bastide de Clauzel : *Es finit !* résolution prise également par l'ami Gourdoux ; mais je ne cesserai de dire avec Monné : « Quand reviendra-t-on aux félibrées d'antan, où l'on s'amusait entre soi, sans souci de la galerie ?... Ah ! c'est alors que nos assemblées reprendraient leur caractère et leur attrait pour la masse des félibres de Provence qui se disent qu'on n'est plus dans les jardins de Sainte Estelle quand on prend place à côté des profanes que les méridionaux de la capitale traînent à leur remorque. » Certes, c'est un honneur pour le Félibrige de Paris d'attirer ainsi l'attention des hommes au pouvoir et de la presse sur la renaissance de la langue d'oc ; ç'a été, au début, un profit incontestable pour la Cause ; mais peut-être cette publicité croissante, qui attise la malveillance de ceux qui nous jalousent, fait-elle maintenant plus de tort que de bien, et l'heure me paraît venue de rentrer dans la tradition, en revenant à cette simplicité charmante des premières années du Félibrige, alors que les fidèles se réunissaient à Fontségugne, pour se communiquer leurs œuvres et pour fraterniser gaiement, sans se préoccuper de la gloire éphémère que dispense la plume capricieuse d'un Vanderem ou même d'un Sarcey.....

VI

DEUX JOURS A MARSEILLE

Après les collines brûlées par le soleil, après les routes blanches et poudreuses, il nous tardait de voir la mer, afin de reposer nos regards sur son immensité et de respirer l'air plus frais qu'elle apporte aux habitants de ses rivages.

Nous l'avions saluée de loin, chaque fois que les circuits de la voie ferrée nous permettaient d'apercevoir sa ligne bleue à l'horizon, derrière l'étendue déserte de la Crau, et notre désir n'en était que plus grand de la contempler à nos pieds.

Le 5 août, à midi 33, nous entrions en gare de Marseille et, une demi-heure après, notre voiture s'arrêtait devant le numéro 143 de la rue Breteuil, où un grand garçon nous attendait : c'était *Jeannot*, le fils actif et studieux de notre ami Monné.

Mais à peine avons-nous mis le pied sur la première marche de l'escalier, qu'une voix joyeuse se fait entendre, chantonnant sur un rythme très doux :

— *Quouro vous-autre, quouro vous-autre !*

Et ce n'est que pour se jeter dans mes bras que l'excellent félibre interrompt cet amical refrain, qui intriguera sans doute plus d'un lecteur.

N'en cherchez pas la signification : ce serait peine perdue ; apprenez seulement que cette locution provençale est comme le mot de passe de deux amis pour qui tout est motif à effusion, et pardonnez-leur cet enfantillage : on est si heureux de redevenir enfant, à certaines heures, pour oublier les amertumes de la vie !

On s'embrasse à la ronde, puis, tandis qu'on range les bagages, je serre la main au cordon bleu du logis, que je retrouve avec plaisir, et qui nous supplie de ne pas faire languir davantage le déjeuner.

Notre appétit était suffisamment aiguisé pour nous faire trouver qu'Adélaïde parlait d'or. Aussi fut-elle obéie à l'instant et fit-on à son menu l'honneur qu'il méritait.

Une heure après, tandis que Monné, esclave du devoir, retournait à son bureau, nous procédions à notre toilette pour descendre en ville.

A quatre heures, nous étions sur le quai du port, humant la brise saline, et nous allions bientôt faire notre visite à l'ami Jules Daveigno, à deux pas de là, rue Thiars.

Les lecteurs de *la Province* connaissent de longue date le délicat poète qui a rimé *Le Livre du cœur* : inutile donc de le leur présenter au moral ; qu'ils apprennent, de plus, qu'il est bel homme, grand, fort, bien découplé, distingué d'allure, et que l'expression très douce de son visage est relevée encore par le reflet de son gracieux sourire.

Tandis que nous causons sur le trottoir, évoquant le souvenir des amis communs restés à Paris : Digeon, de Faget, Georges Bouret surtout, voici s'avancer Jean Monné qui vient nous rejoindre.

De belle taille aussi, mais plus rond, il a, comme Daveigno, un fin sourire sur les lèvres et une voix très douce ; mais il abrite la malice de son regard sous des lunettes d'or qui contribuent encore, avec son double menton et l'approche de ses douze lustres, à lui donner la physionomie d'un bon papa.

Et les félibres, jeunes et vieux, le savent bien qu'il est le meilleur homme du monde, et complaisant et désintéressé comme pas un ! Mais, ne vous y trompez pas : cet homme si placide d'apparence est un lutteur énergique quand il s'agit de défendre la bonne cause, et c'est un intarissable *galejaire*, que l'on ne cesse d'écouter avec plaisir. A Choisy, lors du banquet donné en son honneur en juin dernier, il nous a tenus en haleine durant deux jours, et son sac à malices était loin d'être épuisé !

En le voyant côte à côte avec Daveigno, je comparais ces deux natures également sympathiques et si différentes cependant ! Le croirait-on ? le plus exubérant est le plus âgé. Il est vrai que Monné a du sang roussillonnais dans les veines, et que son rôle de Secrétaire des Félibres de Provence, directeur du bulletin *Lou Felibrige*, l'a depuis longtemps habitué à rompre des lances. D'un autre côté, j'ai rarement vu un Provençal aussi mesuré que Daveigno ; bien que Toulonnais, il est calme, pondéré, correct comme un diplomate et d'une sobriété de gestes tout à fait rare dans le Midi.

Mais il a vite fait d'organiser un programme.

— Je vous offre, ce soir, une promenade en mer, nous dit-il ; demain, je vous attends à déjeuner et, l'après-midi, nous ferons une excursion en voiture au Prado et le long de la Corniche. Est-ce dit ?

— Nous nous laissons guider par vous, mon cher Daveigno : un homme que les commerçants et les magasiniers de Marseille ont mis à leur tête, ne pouvant que nous conduire aux meilleurs endroits.

— Alors, permettez que je vous présente mon ami Jouve, le compagnon de mes excursions, et en route pour le port.

Là, nous prenons le vapeur qui va jusqu'à la pointe d'Endoume en longeant l'anse des Catalans.

Par cette chaude soirée, la promenade est agréable et la brise rafraîchissante. Aussi les établissements de bains sont-ils assiégés par les amateurs de plongeons et de coupes plus ou moins savantes.

Nous descendons aux bains des Catalans et, sur le vaste plancher jeté sur la mer, nous sirotons l'apéritif, tout en assistant aux ébats des baigneurs et des baigneuses, qui passent incessamment au milieu des consommateurs, dans des costumes ruisselants qui accusent leurs formes grêles ou plantureuses.

Mais déjà la brume du soir estompe le château d'If et les rochers qui surgissent du sein des flots, plus près de nous, pareils à des monstres marins : il est l'heure de rentrer au port et de regagner la rue Breteuil où nous attend le dîner préparé par Mlle Adélaïde.

Je n'en donnerai pas le menu, de peur d'être taxé de gourmandise ; mais je dois pourtant une mention à la bonne crème sortie des mains de l'habile cordon bleu. Monné ne s'était-il pas avisé de dire que j'aimais les douceurs!....

* * *

Le lendemain, vendredi, de bonne heure, chargés de l'appareil photographique, nous grimpons, mon frère et moi, jusque sur le plateau de Notre-Dame-de-la-Garde.

Quel splendide panorama se déroule à nos yeux! Au sud, la mer immense dont la ligne bleue se confond, au loin, avec l'azur d'un ciel immaculé, et d'où émergent des îlots, des rochers géants, des phares et des jetées. A nos pieds, la gorge pittoresque d'Endoume et toutes les criques ensoleillées qui découpent le rivage du côté du levant. A l'ouest, c'est le château du Pharo sur son tertre isolé, les bassins de la Joliette et la ligne rougeâtre qui dessine le territoire de Lestaque. Au nord, c'est Marseille avec ses innombrables toits, étagés depuis le vieux port, où fourmillent les mâts de milliers de navires de commerce ou de plaisance, jusque sur le plateau culminant de la gare.

Quel plaisir de respirer un air pur et frais avec ce décor féerique sous les yeux ! Mais, quand nous avons vu le château d'If se dégager des brumes du matin ; quand nous avons suivi quelque temps le va-et-vient des voiles blanches qui sillonnent la mer comme des mouettes, il faut bien songer à redescendre pour faire halte chez un coiffeur, prélude de la minutieuse toilette qui doit précéder tout déjeuner de gala.

A midi, nous sommes chez Daveigno, et nous y trouvons non seulement Monné, mais encore, — agréable surprise ! — Paul Mangin et sa charmante compagne, venus tout exprès de Toulon pour passer la journée avec nous.

Je donne de grand cœur l'accolade au poète des *Angoisses d'âme*, au penseur qui a su faire revivre *l'Année d'autrefois en Provence*, en regrettant la disparition de ses vieilles coutumes traditionnelles, et nous causons des amis restés à Toulon.

— Savez-vous que nous avons failli venir vous surprendre en chœur ? me dit Mangin. Nous avions comploté cela avec Paul Albert et Duclos ; mais, au dernier moment, nos deux amis ont été retenus.

— Quel dommage !

Et nous nous entretenons de nos chers collègues, tout en montant l'escalier qui mène à la salle à manger.

A l'aspect seul de la table, l'eau nous vient à la bouche, en présence de monceaux de coquillages appétissants et de deux superbes melons qui embaument la pièce.

La table est ordonnée avec un goût parfait, le service se fait comme par enchantement, sans un mot, et... la maîtresse de maison n'est pas là, madame Daveigno et ses enfants étant à la campagne pour raisons de santé. Nous regrettons vivement l'absence de l'aimable famille de notre ami, et nous le félicitons d'avoir des serviteurs si bien stylés.

Malgré mon désir de ne pas m'appesantir sur les menus, je dois détailler un peu celui de ce déjeuner maigre exquis.

Après les hors-d'œuvre dont j'ai parlé, une succulente bouillabaisse fit son apparition, et la couleur de ses tranches vous incitait à y revenir. Ma belle-sœur, qui se défiait un peu de ce mets provençal, après l'échantillon qu'elle en avait eu à Châteauneuf, se déclara conquise... et ce n'est pas seulement aux tranches dorées qu'elle fit honneur, mais aussi aux rascasses et aux langoustes qui les accompagnaient.

Et les petits plats fins se succédèrent, arrosés d'un vieux vin généreux, remplacé au dessert, après la bombe glacée, par le pétillant champagne. Avec lui, la poésie déborda dans les verres et, cette fois, ce fut l'amphitryon qui ouvrit le feu, nous régalant de ce délicat souhait de bienvenue :

A LUCIEN DUC

C'est à vous, mon ami, qu'est dû ce doux instant
Où mon verre rempli se choque à votre verre,
Et c'est à vous aussi, poète impénitent,
Que s'adresse humblement ma Muse peu sévère.

Ce qu'elle va vous dire est simple à concevoir :
La phrase la plus courte est parfois la plus tendre.
Oui, je suis bien heureux, ami, de vous revoir,
Heureux de vous le dire, heureux de vous entendre.

Charmez-nous par vos vers qui sont une chanson.
Plus douce que le miel des frileuses abeilles ;
La gente Marinette a si bonne façon,
Toute fraîche, dans l'or de vos rimes vermeilles !

Car nous sommes tous là pour vous bien écouter :
Votre frère, Mangin, leurs compagnes aimées,
Puis Monné, Jouve et moi qui m'essaie à chanter,
Pauvre oisillon perdu dans l'ombre des ramées.

Puis, ce sera Bertin qui nous enchantera ;
— La musique est toujours sœur de la Poésie —
Et Lucienne enfin, à son tour, nous dira
Quelque douce chanson, joyeuse et bien choisie.

Le programme du jour, si facile à tracer,
Va donc se dérouler comme un ruban magique.
Mon maître Lucien Duc, à vous de commencer,
Et nous dirons après : En avant la musique !

Jules DAVEIGNO.

Je répondis par mes vers *au Felibre di pouloun*, puis ce fut au tour de Monné de fouiller dans ses poches et de mêler le français au provençal, aussi gracieux et aussi expert dans la langue d'oïl que dans celle d'oc.

Lucienne récita des fables après avoir réédité son brinde *au ciéune de Maiano*, et Paul Mangin, toujours gai convive, se chargea des chansonnettes amusantes et des romances de forte envergure, comme *les Bœufs*, de Pierre Dupont, qu'il chante avec beaucoup de sentiment.

Gabriel, sur les instances de son espiègle Lucienne, dut nous dire *La Garonne* ; puis ce fut au tour des musiciens de nous charmer, et nos deux habiles pianistes, M. Bertin et Mme Mangin, furent applaudis et félicités.

Nous aurions aisément passé notre après-midi en d'aussi doux passe-temps ; mais la voiture nous attendait, et la promenade projetée avait bien son charme aussi.

En route donc pour le Prado, cette superbe allée ombreuse qui aboutit au parc Borély et à la mer.

Non loin de la plage est un Casino très fréquenté, à l'heure de l'apéritif, par la fashion marseillaise.

C'est là que nous faisons halte pour nous rafraîchir, au son de la musique.

J'y rencontre Auguste Marin, du *Journal*, et, au moment de partir, la fille aînée de Paul Albert, récemment mariée à Marseille.

Puis, la voiture nous ramène rue Thiars en faisant le tour de la Corniche, cette pittoresque route longeant la mer et bordée de riches villas cachées dans la verdure ou juchées à mi-hauteur, dans des situations ravissantes.

Après avoir donné un cordial souvenir au bon docteur Dubrac dont la lyre est muette depuis si longtemps, au grand regret de tous ses amis, nous laissons M. et Mme Mangin achever la journée avec Daveigno et nous regagnons la rue Breteuil, où Monné tient à nous avoir encore à dîner.

Laissant Lucienne et sa mère au logis, nous allons ensuite rejoindre nos amis au café-concert où nous restons jusqu'au départ du train pour Toulon.

Il est près de minuit lorsqu'on se dit adieu, heureux de s'être revu et dans l'espérance de se retrouver de même une autre fois.

Le lendemain, à dix heures, la valise bourrée de provisions de bouche par les soins de la prévenante Adélaïde, nous étions en gare, prenant congé de Monné qui ne se séparait qu'à regret de la câline Lucienne.

— Quand tu auras le spleen des amis de Paris, mon cher félibre, lui dis-je en l'embrassant à mon tour, il t'est si facile, à toi, de prendre le rapide !

Et le train nous emporta bientôt vers le pays natal.

VII

UNE SEMAINE AU PAYS NATAL

Samedi, 7 août.

C'est avec un peu de mélancolie que nous remontons le Rhône : tourner le dos au Midi, c'est déjà commencer l'étape du retour, qui ne comporte plus pour nous que deux haltes, une dans la Drôme, l'autre dans la Bourgogne.

Pour la première fois depuis huit jours, nous lisons des journaux et recueillons les échos des fêtes officielles ou félibréennes.

Hier, mes confrères parisiens, auxquels j'aurais bien voulu pouvoir me joindre, ont rendu visite à Frédéric Mistral dans son village de Maillane, où il est véritablement roi, et où tant de lettrés s'arrêtent pour aller le saluer, quand ce n'est pas pour l'interviewer et dénaturer plus ou moins sa pensée en la confiant aux journaux.

Et je savoure avec délices, dans le train, justement à la hauteur de Graveson, en regardant la route bordée de cyprès qui mène au berceau de Mistral, le charmant sonnet provençal adressé au maître par notre aimable président Sextius-Michel:

MAIANO

I'a 'n vilago dro dis Aupiho,
Sus lou camin do Sant-Roumié,
Mounte fan soun nis li ramié,
Mounte fan soun mèu lis abiho.

Embaumon aqui la caclo,
Aqui blanquejon li poumié ;
Mai ço que ié greio en proumié
Es la flour de la pouësio.

Clarejas, li cap-d'obro, dau !
Nerto, Mirèio, Calendau,
Lis Isclo d'or, tout ço qu'encanto !

Ié flouris tambèn la Bèuta,
Ço que fai qu'un jour, o Ciéuta,
Te diran « Maiano-la-santo ! »

SEXTIUS-MICHEL.

Quelque jour, je l'espère, il me sera permis, à moi aussi, d'aller voir notre grand Félibre dans sa modeste habitation que rehaussent seules la Grâce et la Poésie, et je me plais à croire que *Pan-Perdu,* le brave chien trouvé, me laissera traverser sans encombre le jardin embaumé qui la précède.

A propos de *Pan-Perdu,* écoutez la savoureuse anecdote que m'a contée M. Blanchet, de Sorgues :

Mistral avait rencontré ce chien sur la route, maigre, efflanqué, exténué.

— *Ounte vas, moun paure chin ?* lui avait-il dit, apitoyé.

La pauvre bête comprit sans doute ce langage, car elle suivit le poète jusque chez lui. C'était une réponse, cela : elle allait à qui voulait bien lui témoigner de la pitié.

On garda le chien et, comme il fallait lui donner un nom, Mistral le baptisa *Pan-Perdu*, parce qu'il regardait sans doute comme superflu d'avoir un chien de garde, dans un pays où il est si universellement aimé.

Quoi qu'il en soit, il s'est attaché à ce nouveau commensal du logis, et rien ne le prouve mieux que le fait suivant, d'une si touchante poésie.

Comme le brave chien se faisait vieux, le poète lui dit un soir, après l'avoir caressé :

— *Te fas vièi, moun paure Pan-Perdu : déuriés pensa à nous leissa un cadèu de ta raço ; dèves bèn agué quauco coumaire aperaqui ?* (1)

Le chien le regardait de ses grands yeux intelligents, et il remua la queue en signe de joie.

Quelque temps après, la servante de madame Mistral vint lui dire, un soir :

— *Madamo, Pan-Perdu qu'es ana cerca sa femo !*

— *Dequé disès aqui !*

On alla voir et Pain-Perdu s'offrit, en effet, aux regards, en compagnie d'une chienne prête à mettre bas. Et ses yeux vifs semblaient dire : — Voilà, maître : j'ai rempli vos intentions.

Explique qui pourra cette mystérieuse affinité entre l'âme élevée d'un poète et l'âme embryonnaire d'un pauvre chien, — car les bêtes aussi, à n'en pas douter, ont une âme ; — pour moi, je me contente d'admirer ce trait exquis de divination....

---

(1) Tu te fais vieux, mon pauvre Pain-Perdu : tu devrais penser à nous laisser un rejeton de ta race ; tu dois bien avoir quelque commère par ici.

Mais le train a filé et nous voici en gare d'Avignon, avec 38 minutes d'arrêt.

Tandis que je crayonne ces lignes, le hall s'emplit tout à coup de joyeuses clameurs, et les voix de Maurice Faure et de Mariéton arrivent jusqu'à nous. Je mets la tête à la portière et je vois la caravane félibréenne, un peu réduite à la vérité, qui prend d'assaut le train en partance pour Sisteron.

J'envoie de loin aux amis un salut de la main et la vapeur nous emporte chacun de notre côté.

Un instant après, nous revoyons Sorgues, l'hôtel Brun, et nous apercevons même la silhouette de M. Blanchet non loin de la gare.

Pour ne pas déranger la famille Sauvan, nous lui avons laissé ignorer l'heure de notre passage et c'est en lui donnant un cordial souvenir que nous poursuivons notre route.

A Orange, le pont volant établi sur la voie est toujours là ; mais la gare est déserte, la solitude la plus morne a succédé à l'agitation fébrile des deux journées de fêtes.

Voici Pierrelatte, non loin du rocher qui lui a donné son nom — gravier gigantesque que Gargantua avait dans son soulier, au dire des bonnes gens, — et quelques minutes après, nous débarquons à Donzère, à une dizaine de kilomètres de Valaurie, mon village natal.

Pour nous y rendre à cette heure, il faut se mettre en quête d'une voiture, et ce n'est pas sans peine que mon frère parvient à se la procurer.

— Fouette, cocher ! Et nous voilà partis.

Si vous désirez connaître les péripéties du voyage, prenez connaissance de ce fragment de lettre de Mlle Lucienne à son « cher soldat » Auguste :

« Je te dirai que, pour nous mener à Valaurie, nous avions un jeune cocher qui a commencé par nous accrocher au départ et qui, en arrivant devant la maison de la tante, a versé sa voiture dans un fossé. Heureusement que nous en étions descendus ! »

— Aussi, pourquoi ne pas nous avoir écrit d'aller vous chercher à la gare ?

Tel fut le reproche que nous adressèrent nos cousins.

Une autre fois nous aviserons, certes !

Et Lucienne a juré de ne plus confier sa précieuse petite personne à de jeunes cochers, surtout conduisant de jeunes chevaux ombrageux.....

.·.

Nous avons séjourné six jours à Valaurie, excursionnant aux environs, en sorte que la semaine a passé comme l'éclair.

La journée du dimanche a été consacrée à la famille. C'est à peu près le seul jour où l'on puisse voir tout son monde, sans déranger personne. La physionomie du village n'a pas changé : c'est toujours un pittoresque amas de maisons basses adossées à la colline et enclavées de trois côtés par des remparts à moitié démolis. Seule, la façade nord n'offre pas de solution de continuité ; mais le *pourtalas* branlant de jadis a été agrandi et consolidé. C'est heureux pour les habitants, quoique regrettable pour le touriste ami des vestiges du passé.

Tout à côté de cet antique portail, adossée au rempart même, est une coquette maisonnette que d'aucuns nomment le château Buisson, du nom de celui qui l'a édifiée. C'est là que nous sommes logés, chez nos cousins Buisson et Delaye, et l'affectueuse Sophie, qui fait montre de goûts aristocratiques — quand on descend d'une famille de Duc, on ne saurait moins faire ! — a orné le devant de la demeure de fleurs et de plantes grasses : un vrai luxe pour le pays !

La tante Bœuf est toujours là, solide encore pour ses 83 ans et moins délabrée, certes, que la tante Chasson, ma seconde mère, bien affaissée, hélas ! mais toujours résignée et affectueuse.

.*.

Le lundi, nous avons fait une excursion à Grignan, et j'ai revu avec plaisir les imposants vestiges du château comtal illustré par le séjour de Mme de Sévigné. De la terrasse du château, la vue est superbe ; mais nous n'avons pu visiter les appartements, les portes ne s'ouvrant que le jeudi.

C'était fête ce lundi-là, et nous avons assisté à une course de bicyclistes dans une piste aménagée à l'entrée du pays. Notre confrère parisien, M. Jules Chapon, présidait, en sa qualité de maire, et si j'avais été seul, je serais allé bien volontiers lui rendre visite dans la superbe habitation qu'il possède à l'extrémité de la petite ville.

Le soir, en allant nous restaurer chez un aubergiste, car la bonne Sophie tenait à montrer le feu d'artifice à sa petite-fille — je tombai en arrêt devant cette inscription tracée en lettres capitales sur un mur :

La fusto èi de Poulito.

Nous cherchâmes la précieuse poutre dont ce jaloux Hippolyte revendiquait ainsi la propriété, et nous vîmes au pied du mur un tronc mal équarri posé sur deux pierres et servant de banc. Un bon vieux, assis à l'extrémité, nous regardait tout ébahi, car nous ne ménagions pas les quolibets à cet Harpagon inconnu, le bonhomme lui-même peut-être !

La soirée nous parut longue, car c'est en vain que nous attendîmes jusqu'à onze heures le feu d'artifice promis. De guerre lasse, nous avions repris la route de Valaurie et nous étions presque à destination quand les tardives fusées vinrent rayer le ciel.

.˙.

Le mardi, ce fut au tour du cousin Louis Bœuf de nous traiter comme il sait le faire, dans sa ferme située à mi-chemin de Roussas.

A l'issue du déjeuner, après avoir visité ses vignes, laissant Lucienne, une gaule à la main, à la garde des brebis, en compagnie de Maria et de son frère Charles, nous fîmes l'ascension du plateau de Roussas. Et, cette fois, comme nous avions eu soin de demander aux bonnes religieuses installées dans le village par M. l'abbé Garnier, la clef du sanctuaire de St-Joseph, il nous fut possible de visiter cette chapelle, décorée richement et avec beaucoup de goût. Il est dommage que l'édifice ne soit pas entièrement terminé.

Le coucher du soleil était bien poétique à contempler de cette hauteur. Mais le crépuscule tombait, il fallut redescendre et regagner la ferme, puis Valaurie où nous devions dîner chez le cousin Marius Chaudière.

Madeleine nous traita en cuisinière habile, et tandis que Lucienne et Rosa gambadaient sur l'herbe au clair de lune, nous devisâmes assez tard, assis devant la porte, en fumant un cigare, en compagnie de l'oncle Hippolyte, moins ingambe aujourd'hui, mais toujours philosophe, enjoué, voire *galejaire!*

.*.

De bonne heure, le mercredi, nous quittions Valaurie pour aller aux Granges-Gontardes, où nous avons aussi d'aimables cousins et cousines du côté paternel.

Le village n'offre de particulier que l'abondance de ses fontaines ; nous le traversons seulement pour embrasser Albine qui nous fait promettre de revenir à l'heure du dîner, du souper plutôt, pour employer le terme de la campagne, et nous gagnons le hameau des Estubiers où la famille Rieu nous attend. Le jeune fils a dû s'absenter ; mais, en revanche, nous trouvons cette fois sa sœur Louise, fraîche et rose dans ses vingt printemps, et pas campagnarde du tout, ni dans sa mise, ni dans ses manières. Elle aide maintenant sa mère, car notre chère Ursine a été fort éprouvée par la maladie. Quant au père, il est toujours solide et il soigne ses champs avec activité, laissant à d'autres les soucis de la Mairie.

Vous pensez si l'après-midi fila vite en réminiscences du vieux temps ! Il nous eût fallu des estomacs d'une élasticité extrême pour faire honneur à toutes les victuailles qu'on nous servit, et l'on nous fit promettre de passer au moins deux jours à la ferme à notre prochain voyage.

Le soir venu, suivant notre promesse, nous retournâmes aux Granges, en compagnie de la charmante Louise que l'on retint avec nous pour dîner. Albine s'était surpassée comme cuisinière et c'était bien dommage de n'avoir pas un appétit plus aiguisé.

On mange vraiment trop en voyage ! Mais comment résister aux sollicitations de ceux qui vous reçoivent de si bon cœur et qui ont si rarement l'occasion de vous voir ? Aussi, j'engraisse régulièrement de plusieurs kilos, chaque fois que je vais me retremper ainsi au grand air et au foyer des parents et des amis.

Le complaisant Buisson vint nous chercher en voiture, sur le tard, et nous fîmes la grasse matinée le lendemain, renonçant à l'excursion projetée au couvent d'Aiguebelle. Le temps, d'ailleurs, se gâta ce jour-là et une petite pluie fine se mit à tomber, mais pas assez sérieuse au gré des cultivateurs.

Ce fut notre jour de repos, marqué par une partie de boules que je fis avec le cousin Mathieu, malgré la bruine. Et, après avoir corrigé les épreuves de *la Province* et donné de mes nouvelles à Paris, je fis la causette avec la tante Bœuf pendant que Sophie apprêtait le dîner. Ah ! les bonnes tranches de saucisse de ménage que j'ai mangées chez elle ! Et, le lendemain, au déjeuner d'adieu, elle nous régala d'une crème exquise.

— *Ei bouan acô* ! disait son frère, peu habitué à de telles douceurs.

A toute force, il fallut accepter le café des mains d'une autre cousine qui reste tout à côté. Gabriel photographia tout le groupe et, après avoir bouclé malle et valises, on se rendit à la villa Beau-Séjour pour les adieux à la famille Chaudière et à l'excellente tante Chasson.

Pauvre tante ! La reverrai-je encore une fois ? me disais-je avec un serrement de cœur involontaire. Et nous étions tout heureux d'emporter du moins sa photographie, qui nous sera particulièrement chère au milieu de toutes celles de la famille.

Hélas ! nos pressentiments ne nous trompaient

pas : la sainte femme, depuis si longtemps clouée dans son fauteuil par la paralysie, a vu le terme de ses souffrances le 6 octobre.

Elle est morte, pauvre de biens, mais riche de vertus, et je n'oublierai jamais la tendresse de mère dont elle entoura mes jeunes ans, d'abord dans ce pittoresque village de Banne, en Vivarais, où elle était si aimée et qu'elle a tant regretté ; plus tard à Nice, Nice-de-Provence, comme l'a nommée, avec preuves à l'appui, le père de Victorien Sardou ; puis enfin à Draguignan, dans cette petite boutique de librairie de la rue Impériale où j'ai passé, sous son égide, les derniers mois de mon adolescence, avant de voguer de mes propres forces sur l'océan tourmenté de la vie.

De l'âge de trois ans jusqu'à dix, et de quatorze à dix-huit, j'avais vécu auprès de Mme Chasson, et c'est pour la revoir que j'allais si volontiers dans le Midi : jugez de l'affection filiale que je portais à cette sœur aînée de ma mère !

Aussi, ma plume, dès la réception de la triste nouvelle, vient-elle de tracer le sonnet suivant, que je dédie à sa mémoire, le cœur tout contristé, mais confiant dans l'avenir meilleur qu'elle goûte aujourd'hui, en récompense de sa vie simple, dévouée et désintéressée, tout entière consacrée au bien.

A la mémoire de
MADAME CHASSON

Des douleurs d'ici-bas ne portant plus le faix,
Elle a rejoint, là-haut, la cité de son rêve,
Et si l'aveugle Mort n'est pour nous qu'une trêve,
Elle goûte du moins l'accalmie et la paix.

Au delà du tombeau couvert d'un voile épais,
Peut-être puisons-nous une nouvelle sève :
En ce cas, vous serez un astre qui se lève,
Ma tante, et, comme lui, répandrez vos bienfaits !

Car la bonté du cœur est la seule richesse
Qui reste et soit comptée au ciel comme un trésor,
Et Dieu s'était montré pour vous plein de largesse.

Qu'importe, après cela, que vous laissiez peu d'or !
Votre héritage à vous, c'est la sainte tendresse
Que vous léguez à ceux qui vous pleurent encor.

UNE HALTE EN BOURGOGNE

Avant de regagner Paris, à notre retour de Provence, nous avions résolu de faire une halte de 48 heures en Bourgogne.

Le samedi, 14 août, à 5 heures du matin, nous descendions du train à Nuits-Saint-Georges, dans la Côte-d'Or.

Un ami de mon frère, ancien employé du Bon-Marché, nous attendait à la gare et nous conduisit à son logis où notre premier soin fut de procéder à la toilette obligatoire, après une nuit passée en wagon.

A 8 heures, M. Déchaux nous présenta à sa dame, ainsi qu'à Mme Nolotte, sa belle-mère, deux aimables hôtesses qui s'étaient promis de nous choyer comme de vieux amis, bien que nous n'eussions pas l'honneur de les connaître.

Leur accueil on ne peut plus cordial fit que nous nous trouvâmes à l'aise tout de suite dans la maison.

Pendant que ma belle-sœur tenait compagnie à ces dames et que Lucienne faisait connaissance avec *Jujules*, l'héritier joufflu de notre ami, un bambin de trois ans qui joue sans cesse au *dada*, M. Déchaux nous menait voir ses vignes.

Pour un Bourguignon, tout est là ! Et M. Déchaux n'a pas d'autre occupation que d'inspecter ses milliers de plants et de surveiller les travaux de ses vignerons. Dès le matin, il enfourche sa bicyclette et le voilà à travers champs.

Les vignes entourent totalement la ville, les meilleurs crus se trouvant en amont, à mi-côte. Ah ! ses Pinot, comme il en parle avec amour ! C'est qu'aussi ils lui donnent un beau revenu annuel.

Malheureusement, pas un grain n'est mûr encore et nous ne pouvons y goûter. Toutefois, la récolte s'annonce bien et, si le temps continue à rester sec, la qualité sera bonne. Mais le temps est à l'orage et on redoute les ondées intempestives.

Nous visitons un grand jardin planté d'asperges et, dans un coin, le jeune propriétaire nous montre des tonneaux remplis de sulfate de cuivre où il fait tremper ses paisseaux pour les empêcher de se pourrir trop vite en terre et sous l'action des pluies.

L'aspect du coteau est pittoresque, avec tous ces échalas servant de tuteurs aux ceps luxuriants de verdure et pareils à des soldats rangés en lignes de bataille, avec, çà et là, de grands mannequins noirs aux bras allongés pour effrayer les oiseaux... qui ne s'effrayent guère !

Après avoir jeté un coup d'œil, en passant, sur le monument commémoratif de la bataille de Nuits, élevé à la gloire des légionnaires du Rhône et des

Mobiles de la Côte-d'Or, nous visitons également, au retour, le vieux cimetière de la ville, et nous nous apercevons tout à coup qu'il est midi, heure du déjeuner.

En hâte, nous regagnons la rue de Dijon. Il était temps, car M. et Mme Déchaux, père et mère de notre ami, arrivaient presque aussitôt, en voiture.

Le temps de dételer le vieux César et, les présentations faites avec une cordialité charmante, nous voici à table avec toute la famille.

M. Déchaux père, ancien instituteur, est d'un caractère très gai ; c'est un causeur charmant et un véritable boute-en-train. Par exemple, il ne cesse de taquiner son petit-fils Jules, qu'il adore. Et sa compagne est aussi affable que lui.

A une époque où la zizanie règne au sein de tant de ménages, il est réconfortant de rencontrer une famille aussi unie, et c'est à qui dorlotera le plus les deux Jules, le grand aussi bien que le petit.

Veinard de Déchaux ! Etre à la fois choyé par le papa et la maman, par sa femme et sa belle-mère ! N'a-t-il pas vraiment gagné le gros lot ? Aussi est-il heureux plus qu'un roi !

Après le déjeuner, le père et la mère prennent congé de nous, mais en nous donnant rendez-vous pour le lendemain, chez eux, à Ladoix, à quelque dix kilomètres de Nuits.

De plus, ils nous laissent César et la voiture dont nous profitons pour aller faire le tour des coteaux qui dominent la ville.

La promenade est agréable, à la chute du jour, le paysage est accidenté et, parvenus à un village où nous remarquons encore un joli monument rappelant un épisode de la guerre de 1870, nous redescendons vers le gîte.

Mme Nolotte préside avec la meilleure grâce un dîner qui fait honneur à ses talents culinaires et, après un peu de musique au salon, nous allons nous reposer avec délices dans un lit douillet et élégant.

.˙.

Le lendemain, dimanche, en route pour Ladoix, près Sérigny, dans la direction de Beaune, où le déjeuner nous attend.

Si le temps se maintient au beau, nous mettrons les victuailles dans le caisson de la voiture et nous irons les consommer au grand air, dans un site délicieux appelé *Fontaine-froide*.

Mais de gros nuages couvrent le ciel à notre arrivée et nous jugeons prudent de déjeuner chez M. Déchaux père, après avoir inspecté sa magnifique propriété.

Vers deux heures, le temps semble se remettre, une échappée de soleil permet même à Gabriel de nous photographier tous en un groupe fort réussi, et nous partons pour l'excursion projetée.

Hélas! comme nous arrivions en vue du fameux site, un orage se déchaîne et force nous est de courir chercher un refuge chez le garde du rendez-vous de chasse.

Durant plus de deux heures, il nous fallut rester là, navrés de ce déluge.

Profitant d'une éclaircie, nous eûmes cependant le plaisir de remonter un peu le ruisselet qui court sous des frondaisons vertes et touffues, se dessinant en méandres capricieux et toujours ombragés. Quand le soleil doit se tamiser à travers le feuillage, ce doit être charmant, et je m'explique fort bien qu'on vienne là de tous les environs pour y faire des déjeuners champêtres.

En faisant le tour des constructions antiques, quel ne fut pas mon étonnement de retrouver là un souvenir félibréen ! Sur le mur d'un pavillon, je lus, en effet, cette exclamation mélancolique :

Que ne t'ai-je à Sceaux !
signée :   Duchesse du Maine.

Exilée à Savigny-lès-Beaune, la Duchesse venait souvent à Fontaine-Froide, et la beauté du site lui avait arraché cette phrase de regret.

Plus favorisés que Louise de Bourbon, nous avions la pluie... *à seaux !* mais nous n'en étions pas plus heureux pour cela, je vous l'assure !

Et moi qui devais prendre le train de 5 heures pour rentrer à Paris !

Ah ! bien, oui ! nous étions toujours chez le garde et, la pluie persistant, il fallut se décider à retourner quand même à Ladoix où Mme Déchaux nous fit les honneurs d'un excellent dîner, pris trop à la hâte, malheureusement, car il fallait arriver en gare de Sérigny pour prendre le dernier train du soir.

La matinée du lundi se passa dans l'intimité ; on photographia le petit Jules à cheval sur sa monture mécanique et, après le déjeuner d'adieu, les valises bouclées, on se dirigea vers la gare où nous attendîmes le train pendant plus d'une heure...

．．

Le 17 août au matin, nous étions de retour à Paris, un peu fatigués, à la vérité, mais enchantés de notre voyage et de l'accueil que nous avons reçu partout et dont nous remercions vivement les parents et les amis.

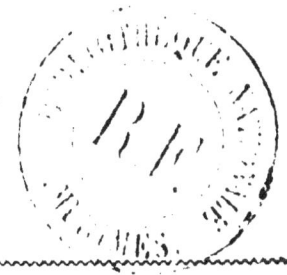

Imprimerie L. DUC, 35, rue Rousselet, Paris

www.ingramcontent.com/pod-product-compliance
Lightning Source LLC
LaVergne TN
LVHW051513090426
835512LV00010B/2515